This Bird Watching Journal Belongs To:

_____
_____
_____
_____

BIRD WATCHING LOG BOOK

Dedication

This bird watching log is dedicated to all the bird enthusiasists, backyard birders and twitchers who want to keep track of their sightings and observations.

You are my inspiration for producing this book and I'm honored to be a part of your bird watching sessions and future bird sightings.

HOW TO USE THIS BOOK

This bird watching log will allow you to accurately document every detail of your sightings. It's a great way to track bird activities, weather conditions and more.

Here are samples of prompts for you to fill in and write about your experience in this book:

1. Record - location, date and time
2. Record - bird type, descriptions, bird's actions and habitat
3. Jot down remarks
4. Sketch or place photograph in space provided

Bird Watching

LOCATION: _____   DATE: _____
WEATHER: _____   TIME: _____

Type of Bird: _____
_____
_____

Description: _____
_____
_____
_____

Bird's Actions: _____
_____
_____
_____
_____

Habitat: _____
_____
_____
_____
_____

REMARKS:

BIRD PHOTO/SKETCH

Bird Watching

LOCATION: _____ DATE: _____

WEATHER: _____ TIME: _____

Type of Bird: _____
_____
_____

Description: _____
_____
_____

Bird's Actions: _____
_____
_____
_____

Habitat: _____
_____
_____
_____

REMARKS:

BIRD PHOTO/SKETCH

Bird Watching

LOCATION: _____ DATE: _____
WEATHER: _____ TIME: _____

Type of Bird: _____
_____
_____

Description: _____
_____
_____
_____

Bird's Actions: _____
_____
_____
_____

Habitat: _____
_____
_____
_____

REMARKS:

BIRD PHOTO/SKETCH

Bird Watching

LOCATION: _____ DATE: _____

WEATHER: _____ TIME: _____

Type of Bird: _____

_____

_____

Description: _____

_____

_____

Bird's Actions: _____

_____

_____

_____

Habitat: _____

_____

_____

_____

REMARKS:

BIRD PHOTO/SKETCH

Bird Watching

LOCATION: _____   DATE: _____
WEATHER: _____   TIME: _____

Type of Bird: _____
_____
_____

Description: _____
_____
_____

Bird's Actions: _____
_____
_____
_____

Habitat: _____
_____
_____
_____

REMARKS:

BIRD PHOTO/SKETCH

Bird Watching

LOCATION: _____   DATE: _____
WEATHER: _____   TIME: _____

Type of Bird: _____
_____
_____

Description: _____
_____
_____
_____

Bird's Actions: _____
_____
_____
_____
_____

Habitat: _____
_____
_____
_____
_____

REMARKS:

BIRD PHOTO/SKETCH

Bird Watching

LOCATION: _____ DATE: _____
WEATHER: _____ TIME: _____

Type of Bird: _____
_____
_____

Description: _____
_____
_____
_____

Bird's Actions: _____
_____
_____
_____

Habitat: _____
_____
_____
_____

REMARKS:

BIRD PHOTO/SKETCH

Bird Watching

LOCATION: _____ DATE: _____
WEATHER: _____ TIME: _____

Type of Bird: _____
_____
_____

Description: _____
_____
_____
_____

Bird's Actions: _____
_____
_____
_____
_____

Habitat: _____
_____
_____
_____

REMARKS:

BIRD PHOTO/SKETCH

Bird Watching

LOCATION: _____ DATE: _____

WEATHER: _____ TIME: _____

Type of Bird: _____
_____
_____

Description: _____
_____
_____
_____

Bird's Actions: _____
_____
_____
_____

Habitat: _____
_____
_____
_____

REMARKS:

BIRD PHOTO/SKETCH

Bird Watching

LOCATION: _____ DATE: _____

WEATHER: _____ TIME: _____

Type of Bird: _____

_____

_____

Description: _____

_____

_____

_____

Bird's Actions: _____

_____

_____

_____

Habitat: _____

_____

_____

_____

REMARKS:

BIRD PHOTO/SKETCH

Bird Watching

LOCATION: _____   DATE: _____
WEATHER: _____   TIME: _____

Type of Bird: _____
_____
_____

Description: _____
_____
_____
_____

Bird's Actions: _____
_____
_____
_____
_____

Habitat: _____
_____
_____
_____

REMARKS:

BIRD PHOTO/SKETCH

Bird Watching

LOCATION: _____   DATE: _____
WEATHER: _____   TIME: _____

Type of Bird: _____
_____
_____

Description: _____
_____
_____
_____

Bird's Actions: _____
_____
_____
_____

Habitat: _____
_____
_____
_____

REMARKS:

BIRD PHOTO/SKETCH

Bird Watching

LOCATION: _____ DATE: _____

WEATHER: _____ TIME: _____

Type of Bird: _____
_____
_____

Description: _____
_____
_____
_____

Bird's Actions: _____
_____
_____
_____

Habitat: _____
_____
_____
_____

REMARKS:

BIRD PHOTO/SKETCH

Bird Watching

LOCATION: _____ DATE: _____

WEATHER: _____ TIME: _____

Type of Bird: _____

_____

_____

Description: _____

_____

_____

Bird's Actions: _____

_____

_____

_____

Habitat: _____

_____

_____

_____

REMARKS:

BIRD PHOTO/SKETCH

Bird Watching

LOCATION: _____ DATE: _____
WEATHER: _____ TIME: _____

Type of Bird: _____
_____
_____

Description: _____
_____
_____
_____

Bird's Actions: _____
_____
_____
_____

Habitat: _____
_____
_____
_____

REMARKS:

BIRD PHOTO/SKETCH

Bird Watching

LOCATION: _____ DATE: _____
WEATHER: _____ TIME: _____

Type of Bird: _____
_____
_____

Description: _____
_____
_____
_____

Bird's Actions: _____
_____
_____
_____

Habitat: _____
_____
_____
_____

REMARKS:

BIRD PHOTO/SKETCH

Bird Watching

LOCATION: _____   DATE: _____

WEATHER: _____   TIME: _____

Type of Bird: _____

_____

_____

Description: _____

_____

_____

Bird's Actions: _____

_____

_____

_____

Habitat: _____

_____

_____

_____

REMARKS:

BIRD PHOTO/SKETCH

Bird Watching

LOCATION: _____ DATE: _____
WEATHER: _____ TIME: _____

Type of Bird: _____
_____
_____

Description: _____
_____
_____
_____

Bird's Actions: _____
_____
_____
_____

Habitat: _____
_____
_____
_____

REMARKS:

BIRD PHOTO/SKETCH

Bird Watching

LOCATION: _____   DATE: _____
WEATHER: _____   TIME: _____

Type of Bird: _____
_____
_____

Description: _____
_____
_____
_____

Bird's Actions: _____
_____
_____
_____

Habitat: _____
_____
_____
_____

REMARKS:

BIRD PHOTO/SKETCH

Bird Watching

LOCATION: _____ DATE: _____

WEATHER: _____ TIME: _____

Type of Bird: _____

_____

_____

Description: _____

_____

_____

_____

Bird's Actions: _____

_____

_____

_____

Habitat: _____

_____

_____

_____

REMARKS:

BIRD PHOTO/SKETCH

Bird Watching

LOCATION: _____   DATE: _____

WEATHER: _____   TIME: _____

Type of Bird: _____

_____

_____

Description: _____

_____

_____

_____

Bird's Actions: _____

_____

_____

_____

Habitat: _____

_____

_____

_____

REMARKS:

BIRD PHOTO/SKETCH

Bird Watching

LOCATION: _____ DATE: _____

WEATHER: _____ TIME: _____

Type of Bird: _____
_____
_____

Description: _____
_____
_____
_____

Bird's Actions: _____
_____
_____
_____

Habitat: _____
_____
_____
_____

REMARKS:

BIRD PHOTO/SKETCH

Bird Watching

LOCATION: _____ DATE: _____

WEATHER: _____ TIME: _____

Type of Bird: _____

_____

_____

Description: _____

_____

_____

_____

Bird's Actions: _____

_____

_____

_____

Habitat: _____

_____

_____

_____

REMARKS:

BIRD PHOTO/SKETCH

Bird Watching

LOCATION: _____   DATE: _____

WEATHER: _____   TIME: _____

Type of Bird: _____
_____
_____

Description: _____
_____
_____
_____

Bird's Actions: _____
_____
_____
_____

Habitat: _____
_____
_____
_____

REMARKS:

BIRD PHOTO/SKETCH

Bird Watching

LOCATION: _____   DATE: _____
WEATHER: _____   TIME: _____

Type of Bird: _____
_____
_____

Description: _____
_____
_____
_____

Bird's Actions: _____
_____
_____
_____

Habitat: _____
_____
_____
_____

REMARKS:

BIRD PHOTO/SKETCH

Bird Watching

LOCATION: _____ DATE: _____
WEATHER: _____ TIME: _____

Type of Bird: _____
_____
_____

Description: _____
_____
_____
_____

Bird's Actions: _____
_____
_____
_____
_____

Habitat: _____
_____
_____
_____

REMARKS:

BIRD PHOTO/SKETCH

Bird Watching

LOCATION: _____ DATE: _____
WEATHER: _____ TIME: _____

Type of Bird: _____
_____
_____

Description: _____
_____
_____
_____

Bird's Actions: _____
_____
_____
_____
_____

Habitat: _____
_____
_____
_____
_____

REMARKS:

BIRD PHOTO/SKETCH

Bird Watching

LOCATION: _____ DATE: _____
WEATHER: _____ TIME: _____

Type of Bird: _____
_____
_____

Description: _____
_____
_____
_____

Bird's Actions: _____
_____
_____
_____

Habitat: _____
_____
_____
_____

REMARKS:

BIRD PHOTO/SKETCH

Bird Watching

LOCATION: _____   DATE: _____

WEATHER: _____   TIME: _____

Type of Bird: _____

_____

_____

Description: _____

_____

_____

Bird's Actions: _____

_____

_____

_____

Habitat: _____

_____

_____

_____

REMARKS:

BIRD PHOTO/SKETCH

Bird Watching

LOCATION: _____   DATE: _____
WEATHER: _____   TIME: _____

Type of Bird: _____
_____
_____

Description: _____
_____
_____
_____

Bird's Actions: _____
_____
_____
_____

Habitat: _____
_____
_____
_____

REMARKS:

BIRD PHOTO/SKETCH

Bird Watching

LOCATION: _____ DATE: _____

WEATHER: _____ TIME: _____

Type of Bird: _____
_____
_____

Description: _____
_____
_____
_____

Bird's Actions: _____
_____
_____
_____

Habitat: _____
_____
_____
_____

REMARKS:

BIRD PHOTO/SKETCH

Bird Watching

LOCATION: _____   DATE: _____
WEATHER: _____   TIME: _____

Type of Bird: _____
_____
_____

Description: _____
_____
_____
_____

Bird's Actions: _____
_____
_____
_____

Habitat: _____
_____
_____
_____

REMARKS:

BIRD PHOTO/SKETCH

Bird Watching

LOCATION: _____ DATE: _____
WEATHER: _____ TIME: _____

Type of Bird: _____
_____
_____

Description: _____
_____
_____
_____

Bird's Actions: _____
_____
_____
_____
_____

Habitat: _____
_____
_____
_____

REMARKS:

BIRD PHOTO/SKETCH

Bird Watching

LOCATION: _____ DATE: _____

WEATHER: _____ TIME: _____

Type of Bird: _____

_____

_____

Description: _____

_____

_____

_____

Bird's Actions: _____

_____

_____

_____

Habitat: _____

_____

_____

_____

REMARKS:

BIRD PHOTO/SKETCH

Bird Watching

LOCATION: _____ DATE: _____

WEATHER: _____ TIME: _____

Type of Bird: _____
_____
_____

Description: _____
_____
_____
_____

Bird's Actions: _____
_____
_____
_____

Habitat: _____
_____
_____
_____

REMARKS:

BIRD PHOTO/SKETCH

Bird Watching

LOCATION: _____ DATE: _____
WEATHER: _____ TIME: _____

Type of Bird: _____
_____
_____

Description: _____
_____
_____
_____

Bird's Actions: _____
_____
_____
_____
_____

Habitat: _____
_____
_____
_____
_____

REMARKS:

BIRD PHOTO/SKETCH

Bird Watching

LOCATION: _____   DATE: _____
WEATHER: _____   TIME: _____

Type of Bird: _____
_____
_____

Description: _____
_____
_____
_____

Bird's Actions: _____
_____
_____
_____

Habitat: _____
_____
_____
_____

REMARKS:

BIRD PHOTO/SKETCH

Bird Watching

LOCATION: _____ DATE: _____
WEATHER: _____ TIME: _____

Type of Bird: _____
_____
_____

Description: _____
_____
_____

Bird's Actions: _____
_____
_____
_____

Habitat: _____
_____
_____
_____

REMARKS:

BIRD PHOTO/SKETCH

Bird Watching

LOCATION: _____ DATE: _____
WEATHER: _____ TIME: _____

Type of Bird: _____
_____
_____

Description: _____
_____
_____
_____

Bird's Actions: _____
_____
_____
_____
_____

Habitat: _____
_____
_____
_____
_____

REMARKS:

BIRD PHOTO/SKETCH

Bird Watching

LOCATION: _____   DATE: _____

WEATHER: _____   TIME: _____

Type of Bird: _____
_____
_____

Description: _____
_____
_____
_____

Bird's Actions: _____
_____
_____
_____

Habitat: _____
_____
_____
_____

REMARKS:

BIRD PHOTO/SKETCH

Bird Watching

LOCATION: _____   DATE: _____

WEATHER: _____   TIME: _____

Type of Bird: _____
_____
_____

Description: _____
_____
_____

Bird's Actions: _____
_____
_____
_____

Habitat: _____
_____
_____
_____

REMARKS:

BIRD PHOTO/SKETCH

Bird Watching

LOCATION: _____   DATE: _____
WEATHER: _____   TIME: _____

Type of Bird: _____
_____
_____

Description: _____
_____
_____
_____

Bird's Actions: _____
_____
_____
_____
_____

Habitat: _____
_____
_____
_____
_____

REMARKS:

BIRD PHOTO/SKETCH

Bird Watching

LOCATION: _____ DATE: _____

WEATHER: _____ TIME: _____

Type of Bird: _____
_____
_____

Description: _____
_____
_____
_____

Bird's Actions: _____
_____
_____
_____
_____

Habitat: _____
_____
_____
_____
_____

REMARKS:

BIRD PHOTO/SKETCH

Bird Watching

LOCATION: _____ DATE: _____
WEATHER: _____ TIME: _____

Type of Bird: _____
_____
_____

Description: _____
_____
_____
_____

Bird's Actions: _____
_____
_____
_____
_____

Habitat: _____
_____
_____
_____
_____

REMARKS:

BIRD PHOTO/SKETCH

Bird Watching

LOCATION: _____ DATE: _____

WEATHER: _____ TIME: _____

Type of Bird: _____
_____
_____

Description: _____
_____
_____
_____

Bird's Actions: _____
_____
_____
_____

Habitat: _____
_____
_____
_____

REMARKS:

BIRD PHOTO/SKETCH

Bird Watching

LOCATION: _____ DATE: _____

WEATHER: _____ TIME: _____

Type of Bird: _____

_____

_____

Description: _____

_____

_____

_____

Bird's Actions: _____

_____

_____

_____

_____

Habitat: _____

_____

_____

_____

_____

REMARKS:

BIRD PHOTO/SKETCH

Bird Watching

LOCATION: _____ DATE: _____

WEATHER: _____ TIME: _____

Type of Bird: _____
_____
_____

Description: _____
_____
_____
_____

Bird's Actions: _____
_____
_____
_____
_____

Habitat: _____
_____
_____
_____
_____

REMARKS:

BIRD PHOTO/SKETCH

Bird Watching

LOCATION: _____ DATE: _____

WEATHER: _____ TIME: _____

Type of Bird: _____

_____

_____

Description: _____

_____

_____

_____

Bird's Actions: _____

_____

_____

_____

Habitat: _____

_____

_____

_____

REMARKS:

BIRD PHOTO/SKETCH

Bird Watching

LOCATION: _____ DATE: _____
WEATHER: _____ TIME: _____

Type of Bird: _____
_____
_____

Description: _____
_____
_____
_____

Bird's Actions: _____
_____
_____
_____
_____

Habitat: _____
_____
_____
_____
_____

REMARKS:

BIRD PHOTO/SKETCH

Bird Watching

LOCATION: _____   DATE: _____

WEATHER: _____   TIME: _____

Type of Bird: _____
_____
_____

Description: _____
_____
_____
_____

Bird's Actions: _____
_____
_____
_____
_____

Habitat: _____
_____
_____
_____
_____

REMARKS:

BIRD PHOTO/SKETCH

Bird Watching

LOCATION: _____ DATE: _____
WEATHER: _____ TIME: _____

Type of Bird: _____
_____
_____

Description: _____
_____
_____
_____

Bird's Actions: _____
_____
_____
_____

Habitat: _____
_____
_____
_____

REMARKS:

BIRD PHOTO/SKETCH

Bird Watching

LOCATION: _____   DATE: _____
WEATHER: _____   TIME: _____

Type of Bird: _____
_____
_____

Description: _____
_____
_____
_____

Bird's Actions: _____
_____
_____
_____

Habitat: _____
_____
_____
_____

REMARKS:

BIRD PHOTO/SKETCH

Bird Watching

LOCATION: _____   DATE: _____
WEATHER: _____   TIME: _____

Type of Bird: _____
_____
_____

Description: _____
_____
_____
_____

Bird's Actions: _____
_____
_____
_____

Habitat: _____
_____
_____
_____

REMARKS:

BIRD PHOTO/SKETCH

Bird Watching

LOCATION: _____   DATE: _____
WEATHER: _____   TIME: _____

Type of Bird: _____
_____
_____

Description: _____
_____
_____
_____

Bird's Actions: _____
_____
_____
_____

Habitat: _____
_____
_____
_____

REMARKS:

BIRD PHOTO/SKETCH

Bird Watching

LOCATION: _____ DATE: _____

WEATHER: _____ TIME: _____

Type of Bird: _____

_____

_____

Description: _____

_____

_____

_____

Bird's Actions: _____

_____

_____

_____

Habitat: _____

_____

_____

_____

REMARKS:

BIRD PHOTO/SKETCH

Bird Watching

LOCATION: _____ DATE: _____

WEATHER: _____ TIME: _____

Type of Bird: _____
_____
_____

Description: _____
_____
_____
_____

Bird's Actions: _____
_____
_____
_____

Habitat: _____
_____
_____
_____

REMARKS:

BIRD PHOTO/SKETCH

Bird Watching

LOCATION: _____   DATE: _____
WEATHER: _____   TIME: _____

Type of Bird: _____
_____
_____

Description: _____
_____
_____
_____

Bird's Actions: _____
_____
_____
_____

Habitat: _____
_____
_____
_____

REMARKS:

BIRD PHOTO/SKETCH

Bird Watching

LOCATION: _____   DATE: _____
WEATHER: _____   TIME: _____

Type of Bird: _____
_____
_____

Description: _____
_____
_____
_____

Bird's Actions: _____
_____
_____
_____

Habitat: _____
_____
_____
_____

REMARKS:

BIRD PHOTO/SKETCH

Bird Watching

LOCATION: _____ DATE: _____

WEATHER: _____ TIME: _____

Type of Bird: _____
_____
_____

Description: _____
_____
_____
_____

Bird's Actions: _____
_____
_____
_____

Habitat: _____
_____
_____
_____

REMARKS:

BIRD PHOTO/SKETCH

www.ingramcontent.com/pod-product-compliance
Lightning Source LLC
Chambersburg PA
CBHW071719020426
42333CB00017B/2325